I0462297

This Diary Belongs to

Email

Phone

2019 - 2020

August

M	T	W	T	F	S	S
			1	2	3	4
5	6	7	8	9	10	11
12	13	14	15	16	17	18
19	20	21	22	23	24	25
26	27	28	29	30	31	

September

M	T	W	T	F	S	S
						1
2	3	4	5	6	7	8
9	10	11	12	13	14	15
16	17	18	19	20	21	22
23	24	25	26	27	28	29
30						

October

M	T	W	T	F	S	S
	1	2	3	4	5	6
7	8	9	10	11	12	13
14	15	16	17	18	19	20
21	22	23	24	25	26	27
28	29	30	31			

November

M	T	W	T	F	S	S
				1	2	3
4	5	6	7	8	9	10
11	12	13	14	15	16	17
18	19	20	21	22	23	24
25	26	27	28	29	30	

December

M	T	W	T	F	S	S
						1
2	3	4	5	6	7	8
9	10	11	12	13	14	15
16	17	18	19	20	21	22
23	24	25	26	27	28	29
30	31					

January 2020

M	T	W	T	F	S	S
		1	2	3	4	5
6	7	8	9	10	11	12
13	14	15	16	17	18	19
20	21	22	23	24	25	26
27	28	29	30	31		

February

M	T	W	T	F	S	S
					1	2
3	4	5	6	7	8	9
10	11	12	13	14	15	16
17	18	19	20	21	22	23
24	25	26	27	28	29	

March

M	T	W	T	F	S	S
						1
2	3	4	5	6	7	8
9	10	11	12	13	14	15
16	17	18	19	20	21	22
23	24	25	26	27	28	29
30	31					

April

M	T	W	T	F	S	S
		1	2	3	4	5
6	7	8	9	10	11	12
13	14	15	16	17	18	19
20	21	22	23	24	25	26
27	28	29	30			

May

M	T	W	T	F	S	S
				1	2	3
4	5	6	7	8	9	10
11	12	13	14	15	16	17
18	19	20	21	22	23	24
25	26	27	28	29	30	31

June

M	T	W	T	F	S	S
1	2	3	4	5	6	7
8	9	10	11	12	13	14
15	16	17	18	19	20	21
22	23	24	25	26	27	28
29	30					

July

M	T	W	T	F	S	S
		1	2	3	4	5
6	7	8	9	10	11	12
13	14	15	16	17	18	19
20	21	22	23	24	25	26
27	28	29	30	31		

Sunday

August 25th, 2019

6 am	
7	
8	
9	
10	
11	
12 pm	
1	
2	
3	
4	
5	
6	
7	
8	

NOTES:

Monday

August 26th, 2019

6 am	
7	
8	
9	
10	
11	
12 pm	
1	
2	
3	
4	
5	
6	
7	
8	

NOTES:

Tuesday

August 27th, 2019

6 am	
7	
8	
9	
10	
11	
12 pm	
1	
2	
3	
4	
5	
6	
7	
8	

NOTES:

Wednesday

August 28th, 2019

6 am	
7	
8	
9	
10	
11	
12 pm	
1	
2	
3	
4	
5	
6	
7	
8	

NOTES:

Thursday

August 29th, 2019

6 am	
7	
8	
9	
10	
11	
12 pm	
1	
2	
3	
4	
5	
6	
7	
8	

NOTES:

Friday

August 30th, 2019

6 am	
7	
8	
9	
10	
11	
12 pm	
1	
2	
3	
4	
5	
6	
7	
8	

NOTES:

Saturday

August 31st, 2019

6 am	
7	
8	
9	
10	
11	
12 pm	
1	
2	
3	
4	
5	
6	
7	
8	

NOTES:

Sunday

September 1st, 2019

6 am	
7	
8	
9	
10	
11	
12 pm	
1	
2	
3	
4	
5	
6	
7	
8	

NOTES:

Monday

September 2nd, 2019

6 am	
7	
8	
9	
10	
11	
12 pm	
1	
2	
3	
4	
5	
6	
7	
8	

NOTES:

Tuesday

September 3rd, 2019

6 am	
7	
8	
9	
10	
11	
12 pm	
1	
2	
3	
4	
5	
6	
7	
8	

NOTES:

Wednesday

September 4th, 2019

6 am	
7	
8	
9	
10	
11	
12 pm	
1	
2	
3	
4	
5	
6	
7	
8	

NOTES:

Thursday

September 5th, 2019

6 am	
7	
8	
9	
10	
11	
12 pm	
1	
2	
3	
4	
5	
6	
7	
8	

NOTES:

Friday

September 6th, 2019

6 am	
7	
8	
9	
10	
11	
12 pm	
1	
2	
3	
4	
5	
6	
7	
8	

NOTES:

Saturday

September 7th, 2019

6 am	
7	
8	
9	
10	
11	
12 pm	
1	
2	
3	
4	
5	
6	
7	
8	

NOTES:

Sunday

September 8th, 2019

6 am	
7	
8	
9	
10	
11	
12 pm	
1	
2	
3	
4	
5	
6	
7	
8	

NOTES:

Monday

September 9th, 2019

6 am	
7	
8	
9	
10	
11	
12 pm	
1	
2	
3	
4	
5	
6	
7	
8	

NOTES:

Tuesday

September 10th, 2019

6 am	
7	
8	
9	
10	
11	
12 pm	
1	
2	
3	
4	
5	
6	
7	
8	

NOTES:

Wednesday

September 11th, 2019

6 am	
7	
8	
9	
10	
11	
12 pm	
1	
2	
3	
4	
5	
6	
7	
8	

NOTES:

Thursday

September 12th, 2019

6 am	
7	
8	
9	
10	
11	
12 pm	
1	
2	
3	
4	
5	
6	
7	
8	

NOTES:

Friday

September 13th, 2019

6 am	
7	
8	
9	
10	
11	
12 pm	
1	
2	
3	
4	
5	
6	
7	
8	

NOTES:

Saturday

September 14th, 2019

6 am	
7	
8	
9	
10	
11	
12 pm	
1	
2	
3	
4	
5	
6	
7	
8	

NOTES:

Sunday

September 15th, 2019

6 am	
7	
8	
9	
10	
11	
12 pm	
1	
2	
3	
4	
5	
6	
7	
8	

NOTES:

Monday

September 16th, 2019

6 am	
7	
8	
9	
10	
11	
12 pm	
1	
2	
3	
4	
5	
6	
7	
8	

NOTES:

Tuesday

September 17th, 2019

6 am	
7	
8	
9	
10	
11	
12 pm	
1	
2	
3	
4	
5	
6	
7	
8	

NOTES:

Wednesday

September 18th, 2019

6 am	
7	
8	
9	
10	
11	
12 pm	
1	
2	
3	
4	
5	
6	
7	
8	

NOTES:

Thursday

September 19th, 2019

6 am	
7	
8	
9	
10	
11	
12 pm	
1	
2	
3	
4	
5	
6	
7	
8	

NOTES:

Friday

September 20th, 2019

6 am	
7	
8	
9	
10	
11	
12 pm	
1	
2	
3	
4	
5	
6	
7	
8	

NOTES:

Saturday

September 21st, 2019

6 am	
7	
8	
9	
10	
11	
12 pm	
1	
2	
3	
4	
5	
6	
7	
8	

NOTES:

Sunday

September 22nd, 2019

6 am	
7	
8	
9	
10	
11	
12 pm	
1	
2	
3	
4	
5	
6	
7	
8	

NOTES:

Monday

September 23rd, 2019

6 am	
7	
8	
9	
10	
11	
12 pm	
1	
2	
3	
4	
5	
6	
7	
8	

NOTES:

Tuesday

September 24th, 2019

6 am	
7	
8	
9	
10	
11	
12 pm	
1	
2	
3	
4	
5	
6	
7	
8	

NOTES:

Wednesday

September 25th, 2019

6 am	
7	
8	
9	
10	
11	
12 pm	
1	
2	
3	
4	
5	
6	
7	
8	

NOTES:

Thursday

September 26th, 2019

6 am	
7	
8	
9	
10	
11	
12 pm	
1	
2	
3	
4	
5	
6	
7	
8	

NOTES:

Friday

September 27th, 2019

6 am	
7	
8	
9	
10	
11	
12 pm	
1	
2	
3	
4	
5	
6	
7	
8	

NOTES:

Saturday

September 28th, 2019

6 am	
7	
8	
9	
10	
11	
12 pm	
1	
2	
3	
4	
5	
6	
7	
8	

NOTES:

Sunday

September 29th, 2019

6 am	
7	
8	
9	
10	
11	
12 pm	
1	
2	
3	
4	
5	
6	
7	
8	

NOTES:

Monday

September 30th, 2019

6 am	
7	
8	
9	
10	
11	
12 pm	
1	
2	
3	
4	
5	
6	
7	
8	

NOTES:

Tuesday

October 1st, 2019

6 am	
7	
8	
9	
10	
11	
12 pm	
1	
2	
3	
4	
5	
6	
7	
8	

NOTES:

Wednesday

October 2nd, 2019

6 am	
7	
8	
9	
10	
11	
12 pm	
1	
2	
3	
4	
5	
6	
7	
8	

NOTES:

Thursday

October 3rd, 2019

6 am	
7	
8	
9	
10	
11	
12 pm	
1	
2	
3	
4	
5	
6	
7	
8	

NOTES:

Friday

October 4th, 2019

6 am	
7	
8	
9	
10	
11	
12 pm	
1	
2	
3	
4	
5	
6	
7	
8	

NOTES:

Saturday

October 5th, 2019

6 am	
7	
8	
9	
10	
11	
12 pm	
1	
2	
3	
4	
5	
6	
7	
8	

NOTES:

Sunday

October 6th, 2019

6 am	
7	
8	
9	
10	
11	
12 pm	
1	
2	
3	
4	
5	
6	
7	
8	

NOTES:

Monday

October 7th, 2019

6 am	
7	
8	
9	
10	
11	
12 pm	
1	
2	
3	
4	
5	
6	
7	
8	

NOTES:

Tuesday

October 8th, 2019

6 am	
7	
8	
9	
10	
11	
12 pm	
1	
2	
3	
4	
5	
6	
7	
8	

NOTES:

Wednesday

October 9th, 2019

6 am	
7	
8	
9	
10	
11	
12 pm	
1	
2	
3	
4	
5	
6	
7	
8	

NOTES:

Thursday

October 10th, 2019

6 am	
7	
8	
9	
10	
11	
12 pm	
1	
2	
3	
4	
5	
6	
7	
8	

NOTES:

Friday

October 11th, 2019

6 am	
7	
8	
9	
10	
11	
12 pm	
1	
2	
3	
4	
5	
6	
7	
8	

NOTES:

Saturday

October 12th, 2019

6 am	
7	
8	
9	
10	
11	
12 pm	
1	
2	
3	
4	
5	
6	
7	
8	

NOTES:

Sunday

October 13th, 2019

6 am	
7	
8	
9	
10	
11	
12 pm	
1	
2	
3	
4	
5	
6	
7	
8	

NOTES:

Monday

October 14th, 2019

6 am	
7	
8	
9	
10	
11	
12 pm	
1	
2	
3	
4	
5	
6	
7	
8	

NOTES:

Tuesday

October 15th, 2019

6 am	
7	
8	
9	
10	
11	
12 pm	
1	
2	
3	
4	
5	
6	
7	
8	

NOTES:

Wednesday

October 16th, 2019

6 am	
7	
8	
9	
10	
11	
12 pm	
1	
2	
3	
4	
5	
6	
7	
8	

NOTES:

Thursday

October 17th, 2019

6 am	
7	
8	
9	
10	
11	
12 pm	
1	
2	
3	
4	
5	
6	
7	
8	

NOTES:

Friday

October 18th, 2019

6 am	
7	
8	
9	
10	
11	
12 pm	
1	
2	
3	
4	
5	
6	
7	
8	

NOTES:

Saturday

October 19th, 2019

6 am	
7	
8	
9	
10	
11	
12 pm	
1	
2	
3	
4	
5	
6	
7	
8	

NOTES:

Sunday

October 20th, 2019

6 am	
7	
8	
9	
10	
11	
12 pm	
1	
2	
3	
4	
5	
6	
7	
8	

NOTES:

Monday

October 21st, 2019

6 am	
7	
8	
9	
10	
11	
12 pm	
1	
2	
3	
4	
5	
6	
7	
8	

NOTES:

Tuesday

October 22nd, 2019

6 am	
7	
8	
9	
10	
11	
12 pm	
1	
2	
3	
4	
5	
6	
7	
8	

NOTES:

Wednesday

October 23rd, 2019

6 am	
7	
8	
9	
10	
11	
12 pm	
1	
2	
3	
4	
5	
6	
7	
8	

NOTES:

Thursday

October 24th, 2019

6 am	
7	
8	
9	
10	
11	
12 pm	
1	
2	
3	
4	
5	
6	
7	
8	

NOTES:

Friday

October 25th, 2019

6 am	
7	
8	
9	
10	
11	
12 pm	
1	
2	
3	
4	
5	
6	
7	
8	

NOTES:

Saturday

October 26th, 2019

6 am	
7	
8	
9	
10	
11	
12 pm	
1	
2	
3	
4	
5	
6	
7	
8	

NOTES:

Sunday

October 27th, 2019

6 am	
7	
8	
9	
10	
11	
12 pm	
1	
2	
3	
4	
5	
6	
7	
8	

NOTES:

Monday

October 28th, 2019

6 am	
7	
8	
9	
10	
11	
12 pm	
1	
2	
3	
4	
5	
6	
7	
8	

NOTES:

Tuesday

October 29th, 2019

6 am	
7	
8	
9	
10	
11	
12 pm	
1	
2	
3	
4	
5	
6	
7	
8	

NOTES:

Wednesday

October 30th, 2019

6 am	
7	
8	
9	
10	
11	
12 pm	
1	
2	
3	
4	
5	
6	
7	
8	

NOTES:

Thursday

October 31st, 2019

6 am	
7	
8	
9	
10	
11	
12 pm	
1	
2	
3	
4	
5	
6	
7	
8	

NOTES:

Friday

November 1st, 2019

6 am	
7	
8	
9	
10	
11	
12 pm	
1	
2	
3	
4	
5	
6	
7	
8	

NOTES:

Saturday

November 2nd, 2019

6 am	
7	
8	
9	
10	
11	
12 pm	
1	
2	
3	
4	
5	
6	
7	
8	

NOTES:

Sunday

November 3rd, 2019

6 am	
7	
8	
9	
10	
11	
12 pm	
1	
2	
3	
4	
5	
6	
7	
8	

NOTES:

Monday

November 4th, 2019

6 am	
7	
8	
9	
10	
11	
12 pm	
1	
2	
3	
4	
5	
6	
7	
8	

NOTES:

Tuesday

November 5th, 2019

6 am	
7	
8	
9	
10	
11	
12 pm	
1	
2	
3	
4	
5	
6	
7	
8	

NOTES:

Wednesday

November 6th, 2019

6 am	
7	
8	
9	
10	
11	
12 pm	
1	
2	
3	
4	
5	
6	
7	
8	

NOTES:

Thursday

November 7th, 2019

6 am	
7	
8	
9	
10	
11	
12 pm	
1	
2	
3	
4	
5	
6	
7	
8	

NOTES:

Friday

November 8th, 2019

6 am	
7	
8	
9	
10	
11	
12 pm	
1	
2	
3	
4	
5	
6	
7	
8	

NOTES:

Saturday

November 9th, 2019

6 am	
7	
8	
9	
10	
11	
12 pm	
1	
2	
3	
4	
5	
6	
7	
8	

NOTES:

Sunday

November 10th, 2019

6 am	
7	
8	
9	
10	
11	
12 pm	
1	
2	
3	
4	
5	
6	
7	
8	

NOTES:

Monday

November 11th, 2019

6 am	
7	
8	
9	
10	
11	
12 pm	
1	
2	
3	
4	
5	
6	
7	
8	

NOTES:

Tuesday

November 12th, 2019

6 am	
7	
8	
9	
10	
11	
12 pm	
1	
2	
3	
4	
5	
6	
7	
8	

NOTES:

Wednesday

November 13th, 2019

6 am	
7	
8	
9	
10	
11	
12 pm	
1	
2	
3	
4	
5	
6	
7	
8	

NOTES:

Thursday

November 14th, 2019

6 am	
7	
8	
9	
10	
11	
12 pm	
1	
2	
3	
4	
5	
6	
7	
8	

NOTES:

Friday

November 15th, 2019

6 am	
7	
8	
9	
10	
11	
12 pm	
1	
2	
3	
4	
5	
6	
7	
8	

NOTES:

Saturday

November 16th, 2019

6 am	
7	
8	
9	
10	
11	
12 pm	
1	
2	
3	
4	
5	
6	
7	
8	

NOTES:

Sunday

November 17th, 2019

6 am	
7	
8	
9	
10	
11	
12 pm	
1	
2	
3	
4	
5	
6	
7	
8	

NOTES:

Monday

November 18th, 2019

6 am	
7	
8	
9	
10	
11	
12 pm	
1	
2	
3	
4	
5	
6	
7	
8	

NOTES:

Tuesday

November 19th, 2019

6 am	
7	
8	
9	
10	
11	
12 pm	
1	
2	
3	
4	
5	
6	
7	
8	

NOTES:

Wednesday

November 20th, 2019

6 am	
7	
8	
9	
10	
11	
12 pm	
1	
2	
3	
4	
5	
6	
7	
8	

NOTES:

Thursday

November 21st, 2019

6 am	
7	
8	
9	
10	
11	
12 pm	
1	
2	
3	
4	
5	
6	
7	
8	

NOTES:

Friday

November 22nd, 2019

6 am	
7	
8	
9	
10	
11	
12 pm	
1	
2	
3	
4	
5	
6	
7	
8	

NOTES:

Saturday

November 23rd, 2019

6 am	
7	
8	
9	
10	
11	
12 pm	
1	
2	
3	
4	
5	
6	
7	
8	

NOTES:

Sunday

November 24th, 2019

6 am	
7	
8	
9	
10	
11	
12 pm	
1	
2	
3	
4	
5	
6	
7	
8	

NOTES:

Monday

November 25th, 2019

6 am	
7	
8	
9	
10	
11	
12 pm	
1	
2	
3	
4	
5	
6	
7	
8	

NOTES:

Tuesday

November 26th, 2019

6 am	
7	
8	
9	
10	
11	
12 pm	
1	
2	
3	
4	
5	
6	
7	
8	

NOTES:

Wednesday

November 27th, 2019

6 am	
7	
8	
9	
10	
11	
12 pm	
1	
2	
3	
4	
5	
6	
7	
8	

NOTES:

Thursday

November 28th, 2019

6 am	
7	
8	
9	
10	
11	
12 pm	
1	
2	
3	
4	
5	
6	
7	
8	

NOTES:

Friday

November 29th, 2019

6 am	
7	
8	
9	
10	
11	
12 pm	
1	
2	
3	
4	
5	
6	
7	
8	

NOTES:

Saturday

November 30th, 2019

6 am	
7	
8	
9	
10	
11	
12 pm	
1	
2	
3	
4	
5	
6	
7	
8	

NOTES:

Sunday

December 1st, 2019

6 am	
7	
8	
9	
10	
11	
12 pm	
1	
2	
3	
4	
5	
6	
7	
8	

NOTES:

Monday

December 2nd, 2019

6 am	
7	
8	
9	
10	
11	
12 pm	
1	
2	
3	
4	
5	
6	
7	
8	

NOTES:

Tuesday

December 3rd, 2019

6 am	
7	
8	
9	
10	
11	
12 pm	
1	
2	
3	
4	
5	
6	
7	
8	

NOTES:

Wednesday

December 4th, 2019

6 am	
7	
8	
9	
10	
11	
12 pm	
1	
2	
3	
4	
5	
6	
7	
8	

NOTES:

Thursday

December 5th, 2019

6 am	
7	
8	
9	
10	
11	
12 pm	
1	
2	
3	
4	
5	
6	
7	
8	

NOTES:

Friday

December 6th, 2019

6 am	
7	
8	
9	
10	
11	
12 pm	
1	
2	
3	
4	
5	
6	
7	
8	

NOTES:

Saturday

December 7th, 2019

6 am	
7	
8	
9	
10	
11	
12 pm	
1	
2	
3	
4	
5	
6	
7	
8	

NOTES:

Sunday

December 8th, 2019

6 am	
7	
8	
9	
10	
11	
12 pm	
1	
2	
3	
4	
5	
6	
7	
8	

NOTES:

Monday

December 9th, 2019

6 am	
7	
8	
9	
10	
11	
12 pm	
1	
2	
3	
4	
5	
6	
7	
8	

NOTES:

Tuesday

December 10th, 2019

6 am	
7	
8	
9	
10	
11	
12 pm	
1	
2	
3	
4	
5	
6	
7	
8	

NOTES:

Wednesday

December 11th, 2019

6 am	
7	
8	
9	
10	
11	
12 pm	
1	
2	
3	
4	
5	
6	
7	
8	

NOTES:

Thursday

December 12th, 2019

6 am	
7	
8	
9	
10	
11	
12 pm	
1	
2	
3	
4	
5	
6	
7	
8	

NOTES:

Friday

December 13th, 2019

6 am	
7	
8	
9	
10	
11	
12 pm	
1	
2	
3	
4	
5	
6	
7	
8	

NOTES:

Saturday

December 14th, 2019

6 am	
7	
8	
9	
10	
11	
12 pm	
1	
2	
3	
4	
5	
6	
7	
8	

NOTES:

Sunday

December 15th, 2019

6 am	
7	
8	
9	
10	
11	
12 pm	
1	
2	
3	
4	
5	
6	
7	
8	

NOTES:

Monday

December 16th, 2019

6 am	
7	
8	
9	
10	
11	
12 pm	
1	
2	
3	
4	
5	
6	
7	
8	

NOTES:

Tuesday

December 17th, 2019

6 am	
7	
8	
9	
10	
11	
12 pm	
1	
2	
3	
4	
5	
6	
7	
8	

NOTES:

Wednesday

December 18th, 2019

6 am	
7	
8	
9	
10	
11	
12 pm	
1	
2	
3	
4	
5	
6	
7	
8	

NOTES:

Thursday

December 19th, 2019

6 am	
7	
8	
9	
10	
11	
12 pm	
1	
2	
3	
4	
5	
6	
7	
8	

NOTES:

Friday

December 20th, 2019

6 am	
7	
8	
9	
10	
11	
12 pm	
1	
2	
3	
4	
5	
6	
7	
8	

NOTES:

Saturday

December 21st, 2019

6 am	
7	
8	
9	
10	
11	
12 pm	
1	
2	
3	
4	
5	
6	
7	
8	

NOTES:

Sunday

December 22nd, 2019

6 am	
7	
8	
9	
10	
11	
12 pm	
1	
2	
3	
4	
5	
6	
7	
8	

NOTES:

Monday

December 23rd, 2019

6 am	
7	
8	
9	
10	
11	
12 pm	
1	
2	
3	
4	
5	
6	
7	
8	

NOTES:

Tuesday

December 24th, 2019

6 am	
7	
8	
9	
10	
11	
12 pm	
1	
2	
3	
4	
5	
6	
7	
8	

NOTES:

Wednesday

December 25th, 2019

6 am	
7	
8	
9	
10	
11	
12 pm	
1	
2	
3	
4	
5	
6	
7	
8	

NOTES:

Thursday

December 26th, 2019

6 am	
7	
8	
9	
10	
11	
12 pm	
1	
2	
3	
4	
5	
6	
7	
8	

NOTES:

Friday

December 27th, 2019

6 am	
7	
8	
9	
10	
11	
12 pm	
1	
2	
3	
4	
5	
6	
7	
8	

NOTES:

Saturday

December 28th, 2019

6 am	
7	
8	
9	
10	
11	
12 pm	
1	
2	
3	
4	
5	
6	
7	
8	

NOTES:

Sunday

December 29th, 2019

6 am	
7	
8	
9	
10	
11	
12 pm	
1	
2	
3	
4	
5	
6	
7	
8	

NOTES:

Monday

December 30th, 2019

6 am	
7	
8	
9	
10	
11	
12 pm	
1	
2	
3	
4	
5	
6	
7	
8	

NOTES:

Tuesday

December 31st, 2019

6 am	
7	
8	
9	
10	
11	
12 pm	
1	
2	
3	
4	
5	
6	
7	
8	

NOTES:

Wednesday

January 1st, 2020

6 am	
7	
8	
9	
10	
11	
12 pm	
1	
2	
3	
4	
5	
6	
7	
8	

NOTES:

Thursday

January 2nd, 2020

6 am	
7	
8	
9	
10	
11	
12 pm	
1	
2	
3	
4	
5	
6	
7	
8	

NOTES:

Friday

January 3rd, 2020

6 am	
7	
8	
9	
10	
11	
12 pm	
1	
2	
3	
4	
5	
6	
7	
8	

NOTES:

Saturday

January 4th, 2020

6 am	
7	
8	
9	
10	
11	
12 pm	
1	
2	
3	
4	
5	
6	
7	
8	

NOTES:

Sunday

January 5th, 2020

6 am	
7	
8	
9	
10	
11	
12 pm	
1	
2	
3	
4	
5	
6	
7	
8	

NOTES:

Monday

January 6th, 2020

6 am	
7	
8	
9	
10	
11	
12 pm	
1	
2	
3	
4	
5	
6	
7	
8	

NOTES:

Tuesday

January 7th, 2020

6 am	
7	
8	
9	
10	
11	
12 pm	
1	
2	
3	
4	
5	
6	
7	
8	

NOTES:

Wednesday

January 8th, 2020

6 am	
7	
8	
9	
10	
11	
12 pm	
1	
2	
3	
4	
5	
6	
7	
8	

NOTES:

Thursday

January 9th, 2020

6 am	
7	
8	
9	
10	
11	
12 pm	
1	
2	
3	
4	
5	
6	
7	
8	

NOTES:

Friday

January 10th, 2020

6 am	
7	
8	
9	
10	
11	
12 pm	
1	
2	
3	
4	
5	
6	
7	
8	

NOTES:

Saturday

January 11th, 2020

6 am	
7	
8	
9	
10	
11	
12 pm	
1	
2	
3	
4	
5	
6	
7	
8	

NOTES:

Sunday

January 12th, 2020

6 am	
7	
8	
9	
10	
11	
12 pm	
1	
2	
3	
4	
5	
6	
7	
8	

NOTES:

Monday

January 13th, 2020

6 am	
7	
8	
9	
10	
11	
12 pm	
1	
2	
3	
4	
5	
6	
7	
8	

NOTES:

Tuesday

January 14th, 2020

6 am	
7	
8	
9	
10	
11	
12 pm	
1	
2	
3	
4	
5	
6	
7	
8	

NOTES:

Wednesday

January 15th, 2020

6 am	
7	
8	
9	
10	
11	
12 pm	
1	
2	
3	
4	
5	
6	
7	
8	

NOTES:

Thursday

January 16th, 2020

6 am	
7	
8	
9	
10	
11	
12 pm	
1	
2	
3	
4	
5	
6	
7	
8	

NOTES:

Friday

January 17th, 2020

6 am	
7	
8	
9	
10	
11	
12 pm	
1	
2	
3	
4	
5	
6	
7	
8	

NOTES:

Saturday

January 18th, 2020

6 am	
7	
8	
9	
10	
11	
12 pm	
1	
2	
3	
4	
5	
6	
7	
8	

NOTES:

Sunday

January 19th, 2020

6 am	
7	
8	
9	
10	
11	
12 pm	
1	
2	
3	
4	
5	
6	
7	
8	

NOTES:

Monday

January 20th, 2020

6 am	
7	
8	
9	
10	
11	
12 pm	
1	
2	
3	
4	
5	
6	
7	
8	

NOTES:

Tuesday

January 21st, 2020

6 am	
7	
8	
9	
10	
11	
12 pm	
1	
2	
3	
4	
5	
6	
7	
8	

NOTES:

Wednesday

January 22nd, 2020

6 am	
7	
8	
9	
10	
11	
12 pm	
1	
2	
3	
4	
5	
6	
7	
8	

NOTES:

Thursday

January 23rd, 2020

6 am	
7	
8	
9	
10	
11	
12 pm	
1	
2	
3	
4	
5	
6	
7	
8	

NOTES:

Friday

January 24th, 2020

6 am	
7	
8	
9	
10	
11	
12 pm	
1	
2	
3	
4	
5	
6	
7	
8	

NOTES:

Saturday

January 25th, 2020

6 am	
7	
8	
9	
10	
11	
12 pm	
1	
2	
3	
4	
5	
6	
7	
8	

NOTES:

Sunday

January 26th, 2020

6 am	
7	
8	
9	
10	
11	
12 pm	
1	
2	
3	
4	
5	
6	
7	
8	

NOTES:

Monday

January 27th, 2020

6 am	
7	
8	
9	
10	
11	
12 pm	
1	
2	
3	
4	
5	
6	
7	
8	

NOTES:

Tuesday

January 28th, 2020

6 am	
7	
8	
9	
10	
11	
12 pm	
1	
2	
3	
4	
5	
6	
7	
8	

NOTES:

Wednesday

January 29th, 2020

6 am	
7	
8	
9	
10	
11	
12 pm	
1	
2	
3	
4	
5	
6	
7	
8	

NOTES:

Thursday

January 30th, 2020

6 am	
7	
8	
9	
10	
11	
12 pm	
1	
2	
3	
4	
5	
6	
7	
8	

NOTES:

Friday

January 31st, 2020

6 am	
7	
8	
9	
10	
11	
12 pm	
1	
2	
3	
4	
5	
6	
7	
8	

NOTES:

Saturday

February 1st, 2020

6 am	
7	
8	
9	
10	
11	
12 pm	
1	
2	
3	
4	
5	
6	
7	
8	

NOTES:

Sunday

February 2nd, 2020

6 am	
7	
8	
9	
10	
11	
12 pm	
1	
2	
3	
4	
5	
6	
7	
8	

NOTES:

Monday

February 3rd, 2020

6 am	
7	
8	
9	
10	
11	
12 pm	
1	
2	
3	
4	
5	
6	
7	
8	

NOTES:

Tuesday

February 4th, 2020

6 am	
7	
8	
9	
10	
11	
12 pm	
1	
2	
3	
4	
5	
6	
7	
8	

NOTES:

Wednesday

February 5th, 2020

6 am	
7	
8	
9	
10	
11	
12 pm	
1	
2	
3	
4	
5	
6	
7	
8	

NOTES:

Thursday

February 6th, 2020

6 am	
7	
8	
9	
10	
11	
12 pm	
1	
2	
3	
4	
5	
6	
7	
8	

NOTES:

Friday

February 7th, 2020

6 am	
7	
8	
9	
10	
11	
12 pm	
1	
2	
3	
4	
5	
6	
7	
8	

NOTES:

Saturday

February 8th, 2020

6 am	
7	
8	
9	
10	
11	
12 pm	
1	
2	
3	
4	
5	
6	
7	
8	

NOTES:

Sunday

February 9th, 2020

6 am	
7	
8	
9	
10	
11	
12 pm	
1	
2	
3	
4	
5	
6	
7	
8	

NOTES:

Monday

February 10th, 2020

6 am	
7	
8	
9	
10	
11	
12 pm	
1	
2	
3	
4	
5	
6	
7	
8	

NOTES:

Tuesday

February 11th, 2020

6 am	
7	
8	
9	
10	
11	
12 pm	
1	
2	
3	
4	
5	
6	
7	
8	

NOTES:

Wednesday

February 12th, 2020

6 am	
7	
8	
9	
10	
11	
12 pm	
1	
2	
3	
4	
5	
6	
7	
8	

NOTES:

Thursday

February 13th, 2020

6 am	
7	
8	
9	
10	
11	
12 pm	
1	
2	
3	
4	
5	
6	
7	
8	

NOTES:

Friday

February 14th, 2020

6 am	
7	
8	
9	
10	
11	
12 pm	
1	
2	
3	
4	
5	
6	
7	
8	

NOTES:

Saturday

February 15th, 2020

6 am	
7	
8	
9	
10	
11	
12 pm	
1	
2	
3	
4	
5	
6	
7	
8	

NOTES:

Sunday

February 16th, 2020

6 am	
7	
8	
9	
10	
11	
12 pm	
1	
2	
3	
4	
5	
6	
7	
8	

NOTES:

Monday

February 17th, 2020

6 am	
7	
8	
9	
10	
11	
12 pm	
1	
2	
3	
4	
5	
6	
7	
8	

NOTES:

Tuesday

February 18th, 2020

6 am	
7	
8	
9	
10	
11	
12 pm	
1	
2	
3	
4	
5	
6	
7	
8	

NOTES:

Wednesday

February 19th, 2020

6 am	
7	
8	
9	
10	
11	
12 pm	
1	
2	
3	
4	
5	
6	
7	
8	

NOTES:

Thursday

February 20th, 2020

6 am	
7	
8	
9	
10	
11	
12 pm	
1	
2	
3	
4	
5	
6	
7	
8	

NOTES:

Friday

February 21st, 2020

6 am	
7	
8	
9	
10	
11	
12 pm	
1	
2	
3	
4	
5	
6	
7	
8	

NOTES:

Saturday

February 22nd, 2020

6 am	
7	
8	
9	
10	
11	
12 pm	
1	
2	
3	
4	
5	
6	
7	
8	

NOTES:

Sunday

February 23rd, 2020

6 am	
7	
8	
9	
10	
11	
12 pm	
1	
2	
3	
4	
5	
6	
7	
8	

NOTES:

Monday

February 24th, 2020

6 am	
7	
8	
9	
10	
11	
12 pm	
1	
2	
3	
4	
5	
6	
7	
8	

NOTES:

Tuesday

February 25th, 2020

6 am	
7	
8	
9	
10	
11	
12 pm	
1	
2	
3	
4	
5	
6	
7	
8	

NOTES:

Wednesday

February 26th, 2020

6 am	
7	
8	
9	
10	
11	
12 pm	
1	
2	
3	
4	
5	
6	
7	
8	

NOTES:

Thursday

February 27th, 2020

6 am	
7	
8	
9	
10	
11	
12 pm	
1	
2	
3	
4	
5	
6	
7	
8	

NOTES:

Friday

February 28th, 2020

6 am	
7	
8	
9	
10	
11	
12 pm	
1	
2	
3	
4	
5	
6	
7	
8	

NOTES:

Saturday

February 29th, 2020

6 am	
7	
8	
9	
10	
11	
12 pm	
1	
2	
3	
4	
5	
6	
7	
8	

NOTES:

Sunday

March 1st, 2020

6 am	
7	
8	
9	
10	
11	
12 pm	
1	
2	
3	
4	
5	
6	
7	
8	

NOTES:

Monday

March 2nd, 2020

6 am	
7	
8	
9	
10	
11	
12 pm	
1	
2	
3	
4	
5	
6	
7	
8	

NOTES:

Tuesday

March 3rd, 2020

6 am	
7	
8	
9	
10	
11	
12 pm	
1	
2	
3	
4	
5	
6	
7	
8	

NOTES:

Wednesday

March 4th, 2020

6 am	
7	
8	
9	
10	
11	
12 pm	
1	
2	
3	
4	
5	
6	
7	
8	

NOTES:

Thursday

March 5th, 2020

6 am	
7	
8	
9	
10	
11	
12 pm	
1	
2	
3	
4	
5	
6	
7	
8	

NOTES:

Friday

March 6th, 2020

6 am	
7	
8	
9	
10	
11	
12 pm	
1	
2	
3	
4	
5	
6	
7	
8	

NOTES:

Saturday

March 7th, 2020

6 am	
7	
8	
9	
10	
11	
12 pm	
1	
2	
3	
4	
5	
6	
7	
8	

NOTES:

Sunday

March 8th, 2020

6 am	
7	
8	
9	
10	
11	
12 pm	
1	
2	
3	
4	
5	
6	
7	
8	

NOTES:

Monday

March 9th, 2020

6 am	
7	
8	
9	
10	
11	
12 pm	
1	
2	
3	
4	
5	
6	
7	
8	

NOTES:

Tuesday

March 10th, 2020

6 am	
7	
8	
9	
10	
11	
12 pm	
1	
2	
3	
4	
5	
6	
7	
8	

NOTES:

Wednesday

March 11th, 2020

6 am	
7	
8	
9	
10	
11	
12 pm	
1	
2	
3	
4	
5	
6	
7	
8	

NOTES:

Thursday

March 12th, 2020

6 am	
7	
8	
9	
10	
11	
12 pm	
1	
2	
3	
4	
5	
6	
7	
8	

NOTES:

Friday

March 13th, 2020

6 am	
7	
8	
9	
10	
11	
12 pm	
1	
2	
3	
4	
5	
6	
7	
8	

NOTES:

Saturday

March 14th, 2020

6 am	
7	
8	
9	
10	
11	
12 pm	
1	
2	
3	
4	
5	
6	
7	
8	

NOTES:

Sunday

March 15th, 2020

6 am	
7	
8	
9	
10	
11	
12 pm	
1	
2	
3	
4	
5	
6	
7	
8	

NOTES:

Monday

March 16th, 2020

6 am	
7	
8	
9	
10	
11	
12 pm	
1	
2	
3	
4	
5	
6	
7	
8	

NOTES:

Tuesday

March 17th, 2020

6 am	
7	
8	
9	
10	
11	
12 pm	
1	
2	
3	
4	
5	
6	
7	
8	

NOTES:

Wednesday

March 18th, 2020

6 am	
7	
8	
9	
10	
11	
12 pm	
1	
2	
3	
4	
5	
6	
7	
8	

NOTES:

Thursday

March 19th, 2020

6 am	
7	
8	
9	
10	
11	
12 pm	
1	
2	
3	
4	
5	
6	
7	
8	

NOTES:

Friday

March 20th, 2020

6 am	
7	
8	
9	
10	
11	
12 pm	
1	
2	
3	
4	
5	
6	
7	
8	

NOTES:

Saturday

March 21st, 2020

6 am	
7	
8	
9	
10	
11	
12 pm	
1	
2	
3	
4	
5	
6	
7	
8	

NOTES:

Sunday

March 22nd, 2020

6 am	
7	
8	
9	
10	
11	
12 pm	
1	
2	
3	
4	
5	
6	
7	
8	

NOTES:

Monday

March 23rd, 2020

6 am	
7	
8	
9	
10	
11	
12 pm	
1	
2	
3	
4	
5	
6	
7	
8	

NOTES:

Tuesday

March 24th, 2020

6 am	
7	
8	
9	
10	
11	
12 pm	
1	
2	
3	
4	
5	
6	
7	
8	

NOTES:

Wednesday

March 25th, 2020

6 am	
7	
8	
9	
10	
11	
12 pm	
1	
2	
3	
4	
5	
6	
7	
8	

NOTES:

Thursday

March 26th, 2020

6 am	
7	
8	
9	
10	
11	
12 pm	
1	
2	
3	
4	
5	
6	
7	
8	

NOTES:

Friday

March 27th, 2020

6 am	
7	
8	
9	
10	
11	
12 pm	
1	
2	
3	
4	
5	
6	
7	
8	

NOTES:

Saturday

March 28th, 2020

6 am	
7	
8	
9	
10	
11	
12 pm	
1	
2	
3	
4	
5	
6	
7	
8	

NOTES:

Sunday

March 29th, 2020

6 am	
7	
8	
9	
10	
11	
12 pm	
1	
2	
3	
4	
5	
6	
7	
8	

NOTES:

Monday

March 30th, 2020

6 am	
7	
8	
9	
10	
11	
12 pm	
1	
2	
3	
4	
5	
6	
7	
8	

NOTES:

Tuesday

March 31st, 2020

6 am	
7	
8	
9	
10	
11	
12 pm	
1	
2	
3	
4	
5	
6	
7	
8	

NOTES:

Wednesday

April 1st, 2020

6 am	
7	
8	
9	
10	
11	
12 pm	
1	
2	
3	
4	
5	
6	
7	
8	

NOTES:

Thursday

April 2nd, 2020

6 am	
7	
8	
9	
10	
11	
12 pm	
1	
2	
3	
4	
5	
6	
7	
8	

NOTES:

Friday

April 3rd, 2020

6 am	
7	
8	
9	
10	
11	
12 pm	
1	
2	
3	
4	
5	
6	
7	
8	

NOTES:

Saturday

April 4th, 2020

6 am	
7	
8	
9	
10	
11	
12 pm	
1	
2	
3	
4	
5	
6	
7	
8	

NOTES:

Sunday

April 5th, 2020

6 am	
7	
8	
9	
10	
11	
12 pm	
1	
2	
3	
4	
5	
6	
7	
8	

NOTES:

Monday

April 6th, 2020

6 am	
7	
8	
9	
10	
11	
12 pm	
1	
2	
3	
4	
5	
6	
7	
8	

NOTES:

Tuesday

April 7th, 2020

6 am	
7	
8	
9	
10	
11	
12 pm	
1	
2	
3	
4	
5	
6	
7	
8	

NOTES:

Wednesday

April 8th, 2020

6 am	
7	
8	
9	
10	
11	
12 pm	
1	
2	
3	
4	
5	
6	
7	
8	

NOTES:

Thursday

April 9th, 2020

6 am	
7	
8	
9	
10	
11	
12 pm	
1	
2	
3	
4	
5	
6	
7	
8	

NOTES:

Friday

April 10th, 2020

6 am	
7	
8	
9	
10	
11	
12 pm	
1	
2	
3	
4	
5	
6	
7	
8	

NOTES:

Saturday

April 11th, 2020

6 am	
7	
8	
9	
10	
11	
12 pm	
1	
2	
3	
4	
5	
6	
7	
8	

NOTES:

Sunday

April 12th, 2020

6 am	
7	
8	
9	
10	
11	
12 pm	
1	
2	
3	
4	
5	
6	
7	
8	

NOTES:

Monday

April 13th, 2020

6 am	
7	
8	
9	
10	
11	
12 pm	
1	
2	
3	
4	
5	
6	
7	
8	

NOTES:

Tuesday

April 14th, 2020

6 am	
7	
8	
9	
10	
11	
12 pm	
1	
2	
3	
4	
5	
6	
7	
8	

NOTES:

Wednesday

April 15th, 2020

6 am	
7	
8	
9	
10	
11	
12 pm	
1	
2	
3	
4	
5	
6	
7	
8	

NOTES:

Thursday

April 16th, 2020

6 am	
7	
8	
9	
10	
11	
12 pm	
1	
2	
3	
4	
5	
6	
7	
8	

NOTES:

Friday

April 17th, 2020

6 am	
7	
8	
9	
10	
11	
12 pm	
1	
2	
3	
4	
5	
6	
7	
8	

NOTES:

Saturday

April 18th, 2020

6 am	
7	
8	
9	
10	
11	
12 pm	
1	
2	
3	
4	
5	
6	
7	
8	

NOTES:

Sunday

April 19th, 2020

6 am	
7	
8	
9	
10	
11	
12 pm	
1	
2	
3	
4	
5	
6	
7	
8	

NOTES:

Monday

April 20th, 2020

6 am	
7	
8	
9	
10	
11	
12 pm	
1	
2	
3	
4	
5	
6	
7	
8	

NOTES:

Sunday

April 19th, 2020

6 am	
7	
8	
9	
10	
11	
12 pm	
1	
2	
3	
4	
5	
6	
7	
8	

NOTES:

Monday

April 20th, 2020

6 am	
7	
8	
9	
10	
11	
12 pm	
1	
2	
3	
4	
5	
6	
7	
8	

NOTES:

Tuesday

April 21st, 2020

6 am	
7	
8	
9	
10	
11	
12 pm	
1	
2	
3	
4	
5	
6	
7	
8	

NOTES:

Wednesday

April 22nd, 2020

6 am	
7	
8	
9	
10	
11	
12 pm	
1	
2	
3	
4	
5	
6	
7	
8	

NOTES:

Thursday

April 23rd, 2020

6 am	
7	
8	
9	
10	
11	
12 pm	
1	
2	
3	
4	
5	
6	
7	
8	

NOTES:

Friday

April 24th, 2020

6 am	
7	
8	
9	
10	
11	
12 pm	
1	
2	
3	
4	
5	
6	
7	
8	

NOTES:

Saturday

April 25th, 2020

6 am	
7	
8	
9	
10	
11	
12 pm	
1	
2	
3	
4	
5	
6	
7	
8	

NOTES:

Sunday

April 26th, 2020

6 am	
7	
8	
9	
10	
11	
12 pm	
1	
2	
3	
4	
5	
6	
7	
8	

NOTES:

Monday

April 27th, 2020

6 am	
7	
8	
9	
10	
11	
12 pm	
1	
2	
3	
4	
5	
6	
7	
8	

NOTES:

Tuesday

April 28th, 2020

6 am	
7	
8	
9	
10	
11	
12 pm	
1	
2	
3	
4	
5	
6	
7	
8	

NOTES:

Wednesday

April 29th, 2020

6 am	
7	
8	
9	
10	
11	
12 pm	
1	
2	
3	
4	
5	
6	
7	
8	

NOTES:

Thursday

April 30th, 2020

6 am	
7	
8	
9	
10	
11	
12 pm	
1	
2	
3	
4	
5	
6	
7	
8	

NOTES:

Friday

May 1st, 2020

6 am	
7	
8	
9	
10	
11	
12 pm	
1	
2	
3	
4	
5	
6	
7	
8	

NOTES:

Saturday

May 2nd, 2020

6 am	
7	
8	
9	
10	
11	
12 pm	
1	
2	
3	
4	
5	
6	
7	
8	

NOTES:

Sunday

May 3rd, 2020

6 am	
7	
8	
9	
10	
11	
12 pm	
1	
2	
3	
4	
5	
6	
7	
8	

NOTES:

Monday

May 4th, 2020

6 am	
7	
8	
9	
10	
11	
12 pm	
1	
2	
3	
4	
5	
6	
7	
8	

NOTES:

Tuesday

May 5th, 2020

6 am	
7	
8	
9	
10	
11	
12 pm	
1	
2	
3	
4	
5	
6	
7	
8	

NOTES:

Wednesday

May 6th, 2020

6 am	
7	
8	
9	
10	
11	
12 pm	
1	
2	
3	
4	
5	
6	
7	
8	

NOTES:

Thursday

May 7th, 2020

6 am	
7	
8	
9	
10	
11	
12 pm	
1	
2	
3	
4	
5	
6	
7	
8	

NOTES:

Friday

May 8th, 2020

6 am	
7	
8	
9	
10	
11	
12 pm	
1	
2	
3	
4	
5	
6	
7	
8	

NOTES:

Saturday

May 9th, 2020

6 am	
7	
8	
9	
10	
11	
12 pm	
1	
2	
3	
4	
5	
6	
7	
8	

NOTES:

Sunday

May 10th, 2020

6 am	
7	
8	
9	
10	
11	
12 pm	
1	
2	
3	
4	
5	
6	
7	
8	

NOTES:

Monday

May 11th, 2020

6 am	
7	
8	
9	
10	
11	
12 pm	
1	
2	
3	
4	
5	
6	
7	
8	

NOTES:

Tuesday

May 12th, 2020

6 am	
7	
8	
9	
10	
11	
12 pm	
1	
2	
3	
4	
5	
6	
7	
8	

NOTES:

Wednesday

May 13th, 2020

6 am	
7	
8	
9	
10	
11	
12 pm	
1	
2	
3	
4	
5	
6	
7	
8	

NOTES:

Thursday

May 14th, 2020

6 am	
7	
8	
9	
10	
11	
12 pm	
1	
2	
3	
4	
5	
6	
7	
8	

NOTES:

Friday

May 15th, 2020

6 am	
7	
8	
9	
10	
11	
12 pm	
1	
2	
3	
4	
5	
6	
7	
8	

NOTES:

Saturday

May 16th, 2020

6 am	
7	
8	
9	
10	
11	
12 pm	
1	
2	
3	
4	
5	
6	
7	
8	

NOTES:

Sunday

May 17th, 2020

6 am	
7	
8	
9	
10	
11	
12 pm	
1	
2	
3	
4	
5	
6	
7	
8	

NOTES:

Monday

May 18th, 2020

6 am	
7	
8	
9	
10	
11	
12 pm	
1	
2	
3	
4	
5	
6	
7	
8	

NOTES:

Tuesday

May 19th, 2020

6 am	
7	
8	
9	
10	
11	
12 pm	
1	
2	
3	
4	
5	
6	
7	
8	

NOTES:

Wednesday

May 20th, 2020

6 am	
7	
8	
9	
10	
11	
12 pm	
1	
2	
3	
4	
5	
6	
7	
8	

NOTES:

Thursday

May 21st, 2020

6 am	
7	
8	
9	
10	
11	
12 pm	
1	
2	
3	
4	
5	
6	
7	
8	

NOTES:

Friday

May 22nd, 2020

6 am	
7	
8	
9	
10	
11	
12 pm	
1	
2	
3	
4	
5	
6	
7	
8	

NOTES:

Saturday

May 23rd, 2020

6 am	
7	
8	
9	
10	
11	
12 pm	
1	
2	
3	
4	
5	
6	
7	
8	

NOTES:

Sunday

May 24th, 2020

6 am	
7	
8	
9	
10	
11	
12 pm	
1	
2	
3	
4	
5	
6	
7	
8	

NOTES:

Monday

May 25th, 2020

6 am	
7	
8	
9	
10	
11	
12 pm	
1	
2	
3	
4	
5	
6	
7	
8	

NOTES:

Tuesday

May 26th, 2020

6 am	
7	
8	
9	
10	
11	
12 pm	
1	
2	
3	
4	
5	
6	
7	
8	

NOTES:

Wednesday

May 27th, 2020

6 am	
7	
8	
9	
10	
11	
12 pm	
1	
2	
3	
4	
5	
6	
7	
8	

NOTES:

Thursday

May 28th, 2020

6 am	
7	
8	
9	
10	
11	
12 pm	
1	
2	
3	
4	
5	
6	
7	
8	

NOTES:

Friday

May 29th, 2020

6 am	
7	
8	
9	
10	
11	
12 pm	
1	
2	
3	
4	
5	
6	
7	
8	

NOTES:

Saturday

May 30th, 2020

6 am	
7	
8	
9	
10	
11	
12 pm	
1	
2	
3	
4	
5	
6	
7	
8	

NOTES:

Sunday

May 31st, 2020

6 am	
7	
8	
9	
10	
11	
12 pm	
1	
2	
3	
4	
5	
6	
7	
8	

NOTES:

Monday

June 1st, 2020

6 am	
7	
8	
9	
10	
11	
12 pm	
1	
2	
3	
4	
5	
6	
7	
8	

NOTES:

Tuesday

June 2nd, 2020

6 am	
7	
8	
9	
10	
11	
12 pm	
1	
2	
3	
4	
5	
6	
7	
8	

NOTES:

Wednesday

June 3rd, 2020

6 am	
7	
8	
9	
10	
11	
12 pm	
1	
2	
3	
4	
5	
6	
7	
8	

NOTES:

Thursday

June 4th, 2020

6 am	
7	
8	
9	
10	
11	
12 pm	
1	
2	
3	
4	
5	
6	
7	
8	

NOTES:

Friday

June 5th, 2020

6 am	
7	
8	
9	
10	
11	
12 pm	
1	
2	
3	
4	
5	
6	
7	
8	

NOTES:

Saturday

June 6th, 2020

6 am	
7	
8	
9	
10	
11	
12 pm	
1	
2	
3	
4	
5	
6	
7	
8	

NOTES:

Sunday

June 7th, 2020

6 am	
7	
8	
9	
10	
11	
12 pm	
1	
2	
3	
4	
5	
6	
7	
8	

NOTES:

Monday

June 8th, 2020

6 am	
7	
8	
9	
10	
11	
12 pm	
1	
2	
3	
4	
5	
6	
7	
8	

NOTES:

Tuesday

June 9th, 2020

6 am	
7	
8	
9	
10	
11	
12 pm	
1	
2	
3	
4	
5	
6	
7	
8	

NOTES:

Wednesday

June 10th, 2020

6 am	
7	
8	
9	
10	
11	
12 pm	
1	
2	
3	
4	
5	
6	
7	
8	

NOTES:

Thursday

June 11th, 2020

6 am	
7	
8	
9	
10	
11	
12 pm	
1	
2	
3	
4	
5	
6	
7	
8	

NOTES:

Friday

June 12th, 2020

6 am	
7	
8	
9	
10	
11	
12 pm	
1	
2	
3	
4	
5	
6	
7	
8	

NOTES:

Saturday

June 13th, 2020

6 am	
7	
8	
9	
10	
11	
12 pm	
1	
2	
3	
4	
5	
6	
7	
8	

NOTES:

Sunday

June 14th, 2020

6 am	
7	
8	
9	
10	
11	
12 pm	
1	
2	
3	
4	
5	
6	
7	
8	

NOTES:

Monday

June 15th, 2020

6 am	
7	
8	
9	
10	
11	
12 pm	
1	
2	
3	
4	
5	
6	
7	
8	

NOTES:

Tuesday

June 16th, 2020

6 am	
7	
8	
9	
10	
11	
12 pm	
1	
2	
3	
4	
5	
6	
7	
8	

NOTES:

Wednesday

June 17th, 2020

6 am	
7	
8	
9	
10	
11	
12 pm	
1	
2	
3	
4	
5	
6	
7	
8	

NOTES:

Thursday

June 18th, 2020

6 am	
7	
8	
9	
10	
11	
12 pm	
1	
2	
3	
4	
5	
6	
7	
8	

NOTES:

Friday

June 19th, 2020

6 am	
7	
8	
9	
10	
11	
12 pm	
1	
2	
3	
4	
5	
6	
7	
8	

NOTES:

Saturday

June 20th, 2020

6 am	
7	
8	
9	
10	
11	
12 pm	
1	
2	
3	
4	
5	
6	
7	
8	

NOTES:

Sunday

June 21st, 2020

6 am	
7	
8	
9	
10	
11	
12 pm	
1	
2	
3	
4	
5	
6	
7	
8	

NOTES:

Monday

June 22nd, 2020

6 am	
7	
8	
9	
10	
11	
12 pm	
1	
2	
3	
4	
5	
6	
7	
8	

NOTES:

Tuesday

June 23rd, 2020

6 am	
7	
8	
9	
10	
11	
12 pm	
1	
2	
3	
4	
5	
6	
7	
8	

NOTES:

Wednesday

June 24th, 2020

6 am	
7	
8	
9	
10	
11	
12 pm	
1	
2	
3	
4	
5	
6	
7	
8	

NOTES:

Thursday

June 25th, 2020

6 am	
7	
8	
9	
10	
11	
12 pm	
1	
2	
3	
4	
5	
6	
7	
8	

NOTES:

Friday

June 26th, 2020

6 am	
7	
8	
9	
10	
11	
12 pm	
1	
2	
3	
4	
5	
6	
7	
8	

NOTES:

Saturday

June 27th, 2020

6 am	
7	
8	
9	
10	
11	
12 pm	
1	
2	
3	
4	
5	
6	
7	
8	

NOTES:

Sunday

June 28th, 2020

6 am	
7	
8	
9	
10	
11	
12 pm	
1	
2	
3	
4	
5	
6	
7	
8	

NOTES:

Monday

June 29th, 2020

6 am	
7	
8	
9	
10	
11	
12 pm	
1	
2	
3	
4	
5	
6	
7	
8	

NOTES:

Tuesday

June 30th, 2020

6 am	
7	
8	
9	
10	
11	
12 pm	
1	
2	
3	
4	
5	
6	
7	
8	

NOTES:

Wednesday

July 1st, 2020

6 am	
7	
8	
9	
10	
11	
12 pm	
1	
2	
3	
4	
5	
6	
7	
8	

NOTES:

Thursday

July 2nd, 2020

6 am	
7	
8	
9	
10	
11	
12 pm	
1	
2	
3	
4	
5	
6	
7	
8	

NOTES:

Friday

July 3rd, 2020

6 am	
7	
8	
9	
10	
11	
12 pm	
1	
2	
3	
4	
5	
6	
7	
8	

NOTES:

Saturday

July 4th, 2020

6 am	
7	
8	
9	
10	
11	
12 pm	
1	
2	
3	
4	
5	
6	
7	
8	

NOTES:

Sunday

July 5th, 2020

6 am	
7	
8	
9	
10	
11	
12 pm	
1	
2	
3	
4	
5	
6	
7	
8	

NOTES:

Monday

July 6th, 2020

6 am	
7	
8	
9	
10	
11	
12 pm	
1	
2	
3	
4	
5	
6	
7	
8	

NOTES:

Tuesday

July 7th, 2020

6 am	
7	
8	
9	
10	
11	
12 pm	
1	
2	
3	
4	
5	
6	
7	
8	

NOTES:

Wednesday

July 8th, 2020

6 am	
7	
8	
9	
10	
11	
12 pm	
1	
2	
3	
4	
5	
6	
7	
8	

NOTES:

Thursday

July 9th, 2020

6 am	
7	
8	
9	
10	
11	
12 pm	
1	
2	
3	
4	
5	
6	
7	
8	

NOTES:

Friday

July 10th, 2020

6 am	
7	
8	
9	
10	
11	
12 pm	
1	
2	
3	
4	
5	
6	
7	
8	

NOTES:

Saturday

July 11th, 2020

6 am	
7	
8	
9	
10	
11	
12 pm	
1	
2	
3	
4	
5	
6	
7	
8	

NOTES:

Sunday

July 12th, 2020

6 am	
7	
8	
9	
10	
11	
12 pm	
1	
2	
3	
4	
5	
6	
7	
8	

NOTES:

Monday

July 13th, 2020

6 am	
7	
8	
9	
10	
11	
12 pm	
1	
2	
3	
4	
5	
6	
7	
8	

NOTES:

Tuesday

July 14th, 2020

6 am	
7	
8	
9	
10	
11	
12 pm	
1	
2	
3	
4	
5	
6	
7	
8	

NOTES:

Wednesday

July 15th, 2020

6 am	
7	
8	
9	
10	
11	
12 pm	
1	
2	
3	
4	
5	
6	
7	
8	

NOTES:

Thursday

July 16th, 2020

6 am	
7	
8	
9	
10	
11	
12 pm	
1	
2	
3	
4	
5	
6	
7	
8	

NOTES:

Friday

July 17th, 2020

6 am	
7	
8	
9	
10	
11	
12 pm	
1	
2	
3	
4	
5	
6	
7	
8	

NOTES:

Saturday

July 18th, 2020

6 am	
7	
8	
9	
10	
11	
12 pm	
1	
2	
3	
4	
5	
6	
7	
8	

NOTES:

Sunday

July 19th, 2020

6 am	
7	
8	
9	
10	
11	
12 pm	
1	
2	
3	
4	
5	
6	
7	
8	

NOTES:

Monday

July 20th, 2020

6 am	
7	
8	
9	
10	
11	
12 pm	
1	
2	
3	
4	
5	
6	
7	
8	

NOTES:

Tuesday

July 21st, 2020

6 am	
7	
8	
9	
10	
11	
12 pm	
1	
2	
3	
4	
5	
6	
7	
8	

NOTES:

Wednesday

July 22nd, 2020

6 am	
7	
8	
9	
10	
11	
12 pm	
1	
2	
3	
4	
5	
6	
7	
8	

NOTES:

Thursday

July 23rd, 2020

6 am	
7	
8	
9	
10	
11	
12 pm	
1	
2	
3	
4	
5	
6	
7	
8	

NOTES:

Friday

July 24th, 2020

6 am	
7	
8	
9	
10	
11	
12 pm	
1	
2	
3	
4	
5	
6	
7	
8	

NOTES:

Saturday

July 25th, 2020

6 am	
7	
8	
9	
10	
11	
12 pm	
1	
2	
3	
4	
5	
6	
7	
8	

NOTES:

Sunday

July 26th, 2020

6 am	
7	
8	
9	
10	
11	
12 pm	
1	
2	
3	
4	
5	
6	
7	
8	

NOTES:

Monday

July 27th, 2020

6 am	
7	
8	
9	
10	
11	
12 pm	
1	
2	
3	
4	
5	
6	
7	
8	

NOTES:

Tuesday

July 28th, 2020

6 am	
7	
8	
9	
10	
11	
12 pm	
1	
2	
3	
4	
5	
6	
7	
8	

NOTES:

Wednesday

July 29th, 2020

6 am	
7	
8	
9	
10	
11	
12 pm	
1	
2	
3	
4	
5	
6	
7	
8	

NOTES:

Thursday

July 30th, 2020

6 am	
7	
8	
9	
10	
11	
12 pm	
1	
2	
3	
4	
5	
6	
7	
8	

NOTES:

Friday

July 31st, 2020

6 am	
7	
8	
9	
10	
11	
12 pm	
1	
2	
3	
4	
5	
6	
7	
8	

NOTES:

Saturday

August 1st, 2020

6 am	
7	
8	
9	
10	
11	
12 pm	
1	
2	
3	
4	
5	
6	
7	
8	

NOTES:

www.ingramcontent.com/pod-product-compliance
Lightning Source LLC
Chambersburg PA
CBHW080904170526
45158CB00008B/1982